BEI GRIN MACHT SICH IHR WISSEN BEZAHLT

- Wir veröffentlichen Ihre Hausarbeit, Bachelor- und Masterarbeit

- Ihr eigenes eBook und Buch - weltweit in allen wichtigen Shops

- Verdienen Sie an jedem Verkauf

Jetzt bei www.GRIN.com hochladen und kostenlos publizieren

GRIN ☺

Bibliografische Information der Deutschen Nationalbibliothek:

Die Deutsche Bibliothek verzeichnet diese Publikation in der Deutschen National-bibliografie; detaillierte bibliografische Daten sind im Internet über http://dnb.d-nb.de/ abrufbar.

Impressum:

Copyright © 2019 GRIN Verlag
Druck und Bindung: Books on Demand GmbH, Norderstedt Germany
ISBN: 9783346033406

Dieses Buch bei GRIN:

https://www.grin.com/document/498766

Sabrina Krug

Effekte von Krafttraining bei Rückenschmerzen. Trainingsplanung von Makro- und Mesozyklus

GRIN Verlag

GRIN - Your knowledge has value

Der GRIN Verlag publiziert seit 1998 wissenschaftliche Arbeiten von Studenten, Hochschullehrern und anderen Akademikern als eBook und gedrucktes Buch. Die Verlagswebsite www.grin.com ist die ideale Plattform zur Veröffentlichung von Hausarbeiten, Abschlussarbeiten, wissenschaftlichen Aufsätzen, Dissertationen und Fachbüchern.

Besuchen Sie uns im Internet:

http://www.grin.com/

http://www.facebook.com/grincom

http://www.twitter.com/grin_com

Deutsche Hochschule für

Prävention und Gesundheitsmanagement

Hermann Neuberger Sportschule 3

66123 Saarbrücken

Einsendeaufgabe

Fachmodul: Trainingslehre 1

Studiengang: BGM

Datum
Präsenzphase: 24.06. - 27.06.2019

Name, Vorname: Krug, Sabrina

Studienort: **Stuttgart**

Semester: **WS18**

Inhaltsverzeichnis

1 Diagnose

1.1 Allgemeine und biometrische Daten

In der folgenden Tabelle werden die allgemeinen und biometrischen Daten der für die Aufgabenstellung verwendeten Testperson dargestellt und anhand wissenschaftlich anerkannter Normwerte bewertet.

Tab. 1: Allgemeine und biometrische Daten der Testperson (eigene Darstellung)

Allgemeine / biometrische Daten	Ist-Wert	Soll-Wert / Norm
Geschlecht	Männlich	-
Alter	30 Jahre	-
Körpergröße	180 cm	-
Körpergewicht	80 kg	-
Body-Mass-Index (BMI)	24,7	· Normalgewicht: 18,5 - 24,9 · Übergewicht: ab 25 (Bundesministerium für Gesundheit, 2018)
Trainingsmotive	Rückenschmerzen reduzieren, Belastbarkeit erhöhen, allgemeine Kräftigung des gesamten Körpers	-
Berufliche Tätigkeit	Bürokaufmann	-
Aktuelle und frühere sportliche Aktivitäten	Aktuell keine sportliche Tätigkeit, hat in seiner Jugend sieben Jahre lang zweimal wöchentlich Fußball gespielt, keine Erfahrung mit Krafttraining	-
Zeitlicher Verfügungsrahmen der Person	Ist bereit, zwei- bis dreimal wöchentlich, jeweils etwa eine Stunde zu trainieren	-
Blutdruck in mmHg	124/ 83	Optimal: <120 / <80 Normal: 120-129 / 80-84 (Mancia et al., 2007)

Allgemeine / biometrische Daten	Ist-Wert	Soll-Wert / Norm
Muskelkraft	Gering (nach subjektiver Einschätzung)	Genug Kraft, um den Körper zu stabilisieren und vor Schmerzen / Verletzungen zu schützen
Weitere Daten über den allgemeinen Gesundheitszustand	Es liegt keine degenerative Erkrankung der Wirbelsäule vor.	-
Sonstige gesundheitliche Einschränkungen	· LWS-Syndrom: auf subjektiver Schmerzskala etwa bei 7 · Oberarmfraktur als Kind, gut verheilt, keine Beschwerden mehr · Medizinisch eingestellte Hyperthyreose	Auf der subjektiven Schmerzskala wäre: 1 = „keine Schmerzen" 10 = „einen Krankenwagen rufen". Optimal wäre demnach eine Eins.

1.2 Bewertung der Ergebnisse

Im Hinblick auf die Belastbarkeit/Trainierbarkeit des Probanden lassen sich folgende Aussagen treffen. Der Proband hat zwar keine degenerative Wirbelsäulenerkrankung, jedoch leidet er an Schmerzen des unteren Rückens, weshalb für das Training keine Übungen ausgewählt werden, die axialen Druck auf die Wirbelsäule ausüben. Sonstige Daten zum Gesundheitszustand der Testperson stellen keine Kontraindikationen oder Einschränkungen für ein Krafttraining dar. Da der Proband beim Blutdruck im Normbereich und auch beim BMI im oberen Normbereich liegt, ergeben sich hierfür ebenfalls keine weiteren Einschränkungen für das Training. Der Proband führt eine Bürotätigkeit aus, weshalb davon auszugehen ist, dass er im Alltag viel sitzt und sein Körper somit nicht viel Bewegung erfährt. Der Proband befindet sich außerdem im mittleren Alter und hat bereits sportliche Erfahrung. Im Krafttraining ist er allerdings als Beginner einzustufen. Aufgrund dessen sollte der Trainingsplan anfänglich nicht zu komplex gestaltet sein, darf bzw. sollte den Probanden jedoch mit der Zeit körperlich beanspruchen.

1.3 Krafttestung

Bei der Auswahl des Testverfahrens wurde ein 10-RM-Test gewählt. Kriterium für diese Entscheidung war die Tatsache, dass der Proband Trainingsbeginner ist. Deshalb würde ein Maximalkrafttest eine hohe Belastung und eine hohe Anforderung an die Koordination des Probanden darstellen. Dies könnte ein Risiko für dessen Rückenbeschwerden sein. Ein Test nach dem subjektiven Belastungsempfinden eignet sich hier ebenfalls nicht, da es als Beginner schwierig ist, das richtige subjektive Empfinden für das Gewicht aufzubringen, vor allem wenn man eine Übung noch nie zuvor durchgeführt hat. Der 10-RM-Test wurde weitgehend an „geführten" Maschinen durchgeführt (ausgenommen Lateralflexion der Wirbelsäule am Seilzug und Latzug zur Brust), da hier die Koordination eine nicht so große Rolle spielt, wie bei freien Übungen. Der Test wurde an allen im später aufgeführten Mesozyklus dargestellten Übungen durchgeführt. Die Wiederholungszahl Zehn bei der Krafttestung wurde deshalb gewählt, weil der erste Mesozyklus des Trainingsplans auch mit einem extensiven Muskelaufbautraining/Hypertrophietraining mit zehn Wiederholungen pro Satz starten soll und sich somit am besten auf das Startgewicht schließen lässt.

Für die Durchführung der Krafttestung wärmte sich die Testperson zunächst zehn Minuten mit einer moderaten Belastung auf dem Cross-Trainer auf. Anschließend wurde an den benannten Übungen zunächst jeweils ein spezifischer Aufwärmsatz und dann pro Übung drei Testsätze durchgeführt, um das 10-RM des Probanden zu bestimmen. Die Testsätze mit den entsprechenden Gewichten und den Endergebnissen werden in den folgenden Tabellen dargestellt. Das Endergebnis entspricht dem 10-RM des Probanden.

Tab. 2: Darstellung der Krafttestungen an den im Mesozyklus enthaltenen Übungen (eigene Darstellung)

Testübung	WH	Testsatz 1	Testsatz 2	Testsatz 3	Endergebnis
Beinpresse	10	123 kg	133 kg	153 kg	153 kg

Testübung	WH	Testsatz 1	Testsatz 2	Testsatz 3	Endergebnis
Beinbeuger sitzend	10	32 kg	36 kg	40 kg	40 kg

Testübung	WH	Testsatz 1	Testsatz 2	Testsatz 3	Endergebnis
Backextension sitzend (Gerät)	10	45 kg	47,5 kg	50 kg	50 kg

Testübung	WH	Testsatz 1	Testsatz 2	Testsatz 3	Endergebnis
Flexion der Wirbelsäule sitzend (Gerät)	10	20 kg	25 kg	27,5 kg	27,5 kg

Testübung	WH	Testsatz 1	Testsatz 2	Testsatz 3	Endergebnis
Rotation der Wirbelsäule / „rotary torso" (Gerät)	10	14 kg	18 kg	20 kg	20 kg

Testübung	WH	Testsatz 1	Testsatz 2	Testsatz 3	Endergebnis
Lateralflexion der Wirbelsäule am Seilzug	10	30 kg	36 kg	40 kg	40 kg

Testübung	WH	Testsatz 1	Testsatz 2	Testsatz 3	Endergebnis
Latzug zur Brust	10	52 kg	62 kg	67 kg	67 kg

Testübung	WH	Testsatz 1	Testsatz 2	Testsatz 3	Endergebnis
Butterfly reverse	10	22 kg	28 kg	32 kg	32 kg

Testübung	WH	Testsatz 1	Testsatz 2	Testsatz 3	Endergebnis
Brustpresse	10	40 kg	46 kg	50 kg	50 kg

Aufgrund der ermittelten 10-RM-Werte kann nun nach der ILB-Methode (Individuelle-Leistungsbild-Methode) ein passendes Trainingsgewicht für diese Übungen gewählt werden (Bührle, 1985; Güllich & Schmidtbleicher, 1999), indem für jeden Mesozyklus der gewünschte Prozentsatz des 10-RM ausgerechnet wird. Einen Vergleich zu Durchschnittswerten lässt sich leider nicht herstellen, da die hierfür benötigten Referenzwerte nicht vorliegen bzw. schwer messbar sind. Was sich aber auf jeden Fall dokumentieren lässt, ist eine Operationalisierung der Trainingsziele, indem man zu einem bestimmten späteren Zeitpunkt eine Wiederholungsmessung durchführt und somit die erzielten Fortschritte ermittelt.

2   Zielsetzung/Prognose

In folgender Tabelle werden die drei mittel- und langfristigen Ziele des Probanden jeweils mit Inhalt, Ausmaß und Zeit dargestellt.

Tab. 3: Darstellung der Trainingsziele des Probanden (eigene Darstellung)

Inhalt des Ziels	Ausmaß	Zeit
Rückenschmerzen reduzieren	LWS: Auf Schmerzskala (siehe Diagnose) von einer Sieben zu einer Vier gelangen	Bis nach dem ersten Trainingsjahr
Belastbarkeit erhöhen	Eine halbe Stunde ohne Lehne sitzen können ohne Rückenschmerzen	Bis nach dem ersten Trainingsjahr
Kräftigung des gesamten Körpers	Erhöhung des Endergebnisses beim 10-RM-Test um 20%	Nach zehn Wochen

Da für die beiden Ziele „Rückenschmerzen reduzieren" und „Belastbarkeit erhöhen" erst einmal ein höheres Kraftniveau aufgebaut werden muss, was offensichtlich Zeit in Anspruch nimmt, wurden diese Ziele für das erste Trainingsjahr gesteckt. Zudem lässt sich nicht sicher sagen, ob die Rückenschmerzen mithilfe des Krafttrainings vollständig beseitigt werden können, weshalb zunächst das Ziel einer Reduzierung von (Schmerzskala) sieben auf vier gesteckt wurde, um in dem Probanden keine zu großen Erwartungen aufkommen zu lassen, die hinterher eventuell enttäuscht werden und ihn somit demotivieren könnten. Es wurde versucht die Erhöhung der Belastbarkeit anhand einer Zeitdauer des schmerzfreien Sitzens zu operationalisieren. Dieses Ziel ließe sich evtl. auch steigern bzw. in Feinstziele ausdifferenzieren, indem man die Zeitspanne stetig erweitert. Die Kräftigung des gesamten Körpers ist eine Voraussetzung für die Schmerzreduktion. Hier lässt sich in den ersten Wochen höchstwahrscheinlich eine deutliche Steigerung feststellen, da der Proband noch nie vorher Krafttraining betrieben hat und als Anfänger dementsprechend ein besonders hohes Kraftsteigerungspotential aufweist (Kieser, 2004).

3 Trainingsplanung Makrozyklus

In der auf den folgenden Seiten dargestellten Tabelle ist der Makrozyklus für die ersten 27 Trainingswochen des Probanden dargestellt.

Tab. 4: Makrozyklusdarstellung (eigene Darstellung)

Makrozyklus (27 Wochen)				
	Mesozyklus 1	Mesozyklus 2	Mesozyklus 3	Mesozyklus 4
Dauer in Wochen	8	8	6	5
Trainingsmethodik	Muskelaufbau extensiv	Muskelaufbau intensiv	Maximalkraft extensiv	Kraftausdauer
Organisationsform	Stationstraining, Ganzkörper	Stationstraining, Ganzkörper	Stationstraining, Ganzkörper	Zirkeltraining, Ganzkörper
Häufigkeit pro Woche	2	2	2	3
Übungen pro Muskel	1	2	2	1

	Mesozyklus 1	Mesozyklus 2	Mesozyklus 3	Mesozyklus 4
Sätze pro Übung	2	2	2	2
Intensität in Prozent (ILB)	50-70	50-70	50-70	50-70
Wiederholungen	10	8	4	20
Bewegungsge-schwindigkeit in Sekunden	3-0-1	3-0-1	3-0-X	2-0-2
Dauer der Satz-pausen in Sekunden	60	60	90	60

3.1 Begründung der Trainingsmethoden

Da der Proband Trainingsanfänger ist, wurde im dargestellten Makrozyklus mit einem Mesozyklus „Muskelaufbau extensiv" begonnen. Ein Maximalkrafttraining als Start wäre eine zu hohe Belastung für eine untrainierte Person, da hierfür aufgrund der gerin-geren Wiederholungszahl ein höheres Trainingsgewicht gewählt werden muss. Dies würde eine höhere Belastung für den Körper darstellen, vor allem, wenn die Ausführung aufgrund der noch nicht vollständig erlernten Koordination noch nicht zu hundert Pro-zent richtig gemacht wird. Da ein Kraftausdauertraining aufgrund der langen Satzdauer (durch die hohe Wiederholungszahl) besonders anstrengend ist, wurde dieser Mesozyk-lus an das Ende platziert. Der Proband beginnt also zuerst mit einem extensiven und dann einem intensiven Muskelaufbau, um eine Steigerung/Variation zu gewährleisten und um die Belastung Schritt für Schritt zu erhöhen.

3.2 Begründung der Belastungsparameter

Nach der ILB-Methode ist für einen Trainingsbeginner ein Training zweimal pro Wo-che, mit ein bis zwei Übungen pro Muskel, ein bis zwei Sätzen pro Übung und einer Intensität von 50-70% angemessen. Der dargestellte Makrozyklus startet mit drei Meso-zyklen mit einer Trainingshäufigkeit von zweimal pro Woche und geht dann im letzten Mesozyklus auf dreimal pro Woche über, um zum einen eine Steigerung zu gewährleis-ten und zum anderen die Muskulatur, nun wo sie schon 22 Wochen Training erfahren hat, öfter einem Reiz auszusetzen und somit eine Stagnation zu vermeiden. Die Übun-gen pro Muskel wurden im Mesozyklus „Muskelaufbau intensiv" und „Maximalkraft-training" bewusst auf zwei erhöht und somit ein Schwerpunkt gesetzt, da diese Meso-zyklen dem Trainingsziel der allgemeinen Kräftigung besonders nachkommen. Die Sät-ze pro Übung bleiben den gesamten Makrozyklus über gleich. Zwei Sätze pro Übung sind zum einen angemessen für Beginner und zum anderen kann so ein Ganzkörpertraining in einem akzeptablen Zeitrahmen stattfinden. Die Trainingsintensität orientiert sich an der Empfehlung der ILB-Methode. Diese sollte innerhalb eines Mesozyklus von 50% auf 70% gesteigert werden. Die Wiederholungszahlen wurden so gewählt, dass die Belastung für den Anfang nicht zu hoch angesetzt ist. Deshalb wurde hier auch auf ein extensives Maximalkrafttraining mit vier Wiederholungen pro Satz gesetzt, statt auf ein intensives Maximalkrafttraining mit ein bis drei Wiederholungen. Auch die Satzpausen wurden gemäß der ILB-Methode gewählt, sodass der Proband über genug Regenerationszeit zwischen den einzelnen Sätzen verfügt. Somit kann zudem gewährleistet werden, dass der Proband nach der Satzpause fähig ist, sich auf die Koordination und somit die richtige Übungsausführung im folgenden Satz zu konzentrieren.

3.3 Begründung der Organisationsformen

Da der Proband bereit ist, zwei- bis dreimal pro Woche zu trainieren, wurde für die Organisationsform ein Ganzkörpertraining gewählt, sodass jeder Muskel zwei- bis dreimal in der Woche einem Reiz ausgesetzt wird und somit laut Superkompensationsmodell sichergestellt wird, dass Muskulatur aufgebaut wird (Kieser, 2004). Für die ersten drei Mesozyklen ist ein Stationstraining vorgesehen. Für den letzten Mesozyklus (Kraftausdauer) wurde ein Zirkeltraining gewählt, um dem Probanden etwas Abwechslung zu bieten und somit eine Trainingsmonotonie und die eventuell damit einhergehende Demotivation zu vermeiden.

3.4 Begründung der Periodisierung

Da die ersten drei Mesozyklen aufgrund der gewählten Trainingsmethodiken dem Trainingsziel einer allgemeinen Kräftigung und damit einhergehenden Schmerzreduzierung am ehesten entsprechen, wurden diese länger geplant, als der letzte. Die Studie von (Denner, 1998) unterstreicht außerdem, dass es durchaus sinnvoll ist intensitätsorientierte Mesozyklen miteinzubauen, um einen Kraftzuwachs zu erzielen.

4 Trainingsplanung Mesozyklus

Nachfolgende Tabelle zeigt die Übungsauswahl des in Tabelle vier dargestellten „Mesozyklus 1" mit der jeweils beanspruchten Muskulatur zu jeder Übung. Es ist pro Muskel eine Übung vorgesehen. An dieser Stelle ist anzumerken, dass die angegebene beanspruchte Muskulatur noch detaillierter beschrieben werden kann. Hier wurde jedoch aufgrund der besseren Übersichtlichkeit darauf verzichtet und ausschließlich die primär beteiligte Muskulatur genannt. Der Mesozyklus geht dem Ziel eines extensiven Muskelaufbaus nach und wird acht Wochen lang jeweils zweimal pro Woche durchgeführt. Es sind pro Übung zwei Sätze mit jeweils zehn Wiederholungen vorgesehen und einer Satzpause von 60 Sekunden. Wie aus Tabelle 4 hervorgeht, ist für den „Mesozyklus 1" ein Ganzkörper-Stationstraining vorgesehen mit einer Intensität von 50-70% des 10-RM und einem Bewegungstempo von 3-0-1 Sekunden. Die Intensität sollte sich innerhalb des Mesozyklus von 50% auf 70% steigern.

Tab. 5: Darstellung der Übungen aus „Mesozyklus 1" (eigene Darstellung)

Hauptsächlich beanspruchte Muskulatur	Übungen
M. quadriceps femoris, M. glutaeus maximus	Beinpresse
Mm. ischiocrurales	Beinbeuger sitzend
M. erector spinae	Backextension sitzend (Gerät)
M. rectus abdominis, (M. transversus abdominis)	Flexion der Wirbelsäule sitzend (Gerät)
M. obliquus internus, externus abdominis	Rotation der Wirbelsäule / „rotary torso" (Gerät)
M. obliquus internus, externus abdominis	Lateralflexion der Wirbelsäule am Seilzug
M. latissimus dorsi, M. biceps brachii	Latzug zur Brust
M. deltoideus pars spinalis, M. Trapezius transversus, Mm. rhomboidei	Butterfly reverse
M. pectoralis major, M. deltoideus pars clavicularis, M. Triceps brachii, M. serratus anterior	Brustpresse

4.1 Besonderheiten bei der Ausführung

Da bei den Backextensions das Training des M. erector spinae im Vordergrund steht, sollte hier beachtet werden, möglichst die Gesäßmuskulatur entspannt zu lassen, um eine Extension aus den Hüftstreckern zu vermeiden. Diese werden bei der Übung „Beinpresse" schon beansprucht und sollen deshalb hier nicht die Arbeit des Rückenstreckers übernehmen. Bei der Flexion der Wirbelsäule soll versucht werden, zusätzlich die Beckenbodenmuskulatur und den M. transversus abdominis als statische Stabilisatoren der Wirbelsäule (Schmoll, Hahn & Schwirtz, 2008) zu kontrahieren. Auch hier sollte keine Hüftflexion stattfinden, sondern ausschließlich eine Wirbelsäulenflexion, um primär die Bauchmuskulatur zu kräftigen.

4.2 Begründung der Übungsauswahl

Bei der Übungsauswahl wurde vor allem darauf geachtet, stauchende Belastungen auf die Wirbelsäule zu vermeiden und so viele Muskeln wie möglich zu integrieren, die mit der Fasciae Thoracolumbalis verspannt sind (z.b. M. obliquus abdominis, M. latissimus dorsi, M. erector spinae), da diese Faszie die Wirbelsäule besonders stabilisiert. Je besser die Fasciae Thoracolumbalis verspannt ist, umso besser kann sie äußere Lasten verteilen und somit Belastungen auf die Wirbelsäule ableiten. (Gottlob, 2013) Somit wurde also ein Fokus auf die Rumpfmuskulatur gelegt, dennoch ist es ein Ganzkörperprogramm, sodass alle wichtigen Muskeln mit der Übungsauswahl abgedeckt sind. Bei den Übungen für die Rumpfmuskulatur wurde für jede mögliche Bewegungsrichtung (über jede Bewegungsachse) eine Übung ausgewählt. Somit wird die Wirbelsäule in jede Bewegungsrichtung stabilisiert. Da es sich beim Probanden um einen Trainingsbeginner handelt, wurde hier auf das gesonderte, isolierte Training des M. biceps brachii und des M. triceps brachii verzichtet, um das Programm so kurz wie möglich zu halten. Die beiden Oberarmmuskeln sind in den Übungen „Latzug zur Brust" und „Brustpresse" mit enthalten. Des Weiteren wurde bei der Übungsauswahl Wert darauf gelegt, weitestgehend auf freie Übungen zu verzichten und möglichst viel an geführten Geräten einzubauen, um den Trainingsbeginner koordinativ nicht zu überfordern.

5 Effekte des Krafttrainings bei Rückenbeschwerden ("low back pain" bzw. "LWS-Syndrom")

In diesem Kapitel wird zunächst einmal geklärt, was das „LWS-Syndrom" ist bzw. was „low back pain" bedeutet und erläutert, welche Effekte das Krafttraining darauf haben kann. Darauf folgend befindet sich ein Vergleich zweier Studien zu diesem Thema in tabellarischer Form.

5.1 Definition "low back pain" bzw. "LWS-Syndrom"

Übersetzt man „low back pain" wörtlich ins Deutsche, bedeutet dies so viel wie „Schmerzen des unteren Rückens". Die Abkürzung „LWS" in dem Wort „LWS-Syndrom" steht für „Lendenwirbelsäule". Somit handelt es sich also um Schmerzen im unteren Rücken oder auch umgangssprachlich „Kreuzschmerzen" genannt. Der für „Kreuzschmerzen" festgelegte Bereich befindet sich zwischen Rippenbogen und Gesäßfalte (Raspe, 2012). Dieser Schmerz muss nicht zwangsweise ein Symptom einer schwerwiegenden Krankheit sein. Oft sind die Ursachen für das Schmerzempfinden nicht bekannt und mit klinischen Mitteln nicht erklärbar. Hierbei spricht man dann von „nicht-spezifischen Rückenschmerzen". Diese nehmen einen geschätzten Anteil von mindestens 80% aller Rückenschmerzen ein. (Raspe, 2012)

Rückenschmerzen sind „in westlichen Gesellschaften eine der häufigsten Gesundheitsstörungen überhaupt" (Raspe, 2012). Aktuelle Daten und Zahlen belegen das hohe Ausmaß des Problems „Rückenschmerzen" in Deutschland. In der deutschen Rückenschmerzstudie von 2003/2006 gaben 74-85% der Befragten an, mindestens einmal im Leben unter Rückenschmerzen gelitten zu haben. Diese Zahl ist möglicherweise noch unterschätzt, da ein Teil der Befragten vergangene Schmerzen evtl. vergessen oder „wegerklärt" haben könnten.

In der folgenden Abbildung sind die Ergebnisse des 2003 und 2009 durchgeführten telefonischen Gesundheitssurveys des Robert Koch-Instituts (RKI) dargestellt. Untersucht wurde die Prävalenz von mindestens drei Monate anhaltenden, fast täglichen Rückenschmerzen der deutschen Bevölkerung. Deutlich zu erkennen ist sowohl bei Frauen als auch bei Männern die zunehmende Tendenz von Rückenschmerzen zwischen 2003 und 2009. (Raspe, 2012) Diese Entwicklung lässt vermuten, dass die Rückenschmerzen eventuell auf der immer stärker werdenden Bewegungsarmut unserer Gesellschaft beruhen.

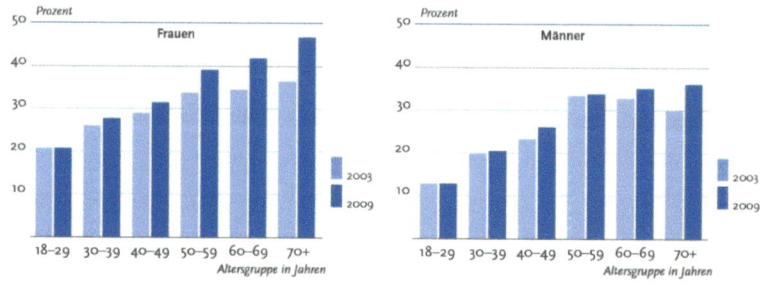

Abb 1: Ergebnisse des Gesundheitssurveys des RKI 2003, 2009: Rückenschmerzen der deutschen Bevölkerung (mind. drei Monate, fast täglich) (Raspe, 2012)

Die Studie „Gesundheit in Deutschland aktuell" des RKI (2009) ergab außerdem eine Häufigkeit von 20,7% der Befragten mit fast täglichen, mindestens drei Monate anhaltenden Rückenschmerzen im letzten Jahr (Raspe, 2012).

5.2 Ursachen / Risikofaktoren

Rückenschmerzen, die nicht infolge einer bestimmten Krankheit auftreten (nichtspezifische Rückenschmerzen), werden in der Fachwelt auf folgende Ursachen/Risikofaktoren zurückgeführt: (Raspe, 2012)

- Physiologisch-organisch:
  Mobilitätsverlust, Schonung, allgemeine Dekonditionierung
- Kognitiv und emotional:
  erhöhte Empfindlichkeit körpereigener Signale, Stimmungsschwankungen
- Verhalten:
  unangemessenes schmerzbezogenes Verhalten (Passivität, Schonung, Überaktivität, „Durchhalten")
- Sozial:
  Störungen von sozialen Beziehungen, Probleme am Arbeitsplatz/Beruf etc.

Auf Seite 206 des Buches „Ein starker Körper kennt keinen Schmerz" schreibt Werner Kieser: „Nach Aussage international führender Orthopäden liegt die Ursache von etwa 80 Prozent aller Rückenbeschwerden in der Schwäche der Rückenmuskulatur, genauer: der Lumbal-Extensoren." (Kieser, 2004). Tatsächlich konnte in einigen Untersuchungen bei Rückenpatienten eine muskuläre Insuffizienz nachgewiesen werden. Diese führt zur

Belastung der passiven Teile der Wirbelsäule, die den Schmerz auslösen. (Hildebrandt, 2003)

5.3 Behandlung / Prävention

Die Behandlung von Rückenschmerzen wird in drei Therapieformen unterteilt. Die nicht-medikamentöse Therapie, die medikamentöse Therapie und operative und andere eingreifende Verfahren. Im Folgenden soll sich vor allem auf die Behandlung nicht-spezifischer Rückenschmerzen spezialisiert werden, bei welchen operative, invasive und perkutane Methoden nicht empfohlen werden. Gängige nicht-medikamentöse Verfahren sind unter anderem die Bewegungs- und Sporttherapie, Entspannungsverfahren (wie z.b. Progressive Muskelrelaxion, Autogenes Training), Manuelle Therapie (Chirotherapie/Mobilisation in Kombination mit Bewegungstherapie), Massage (vor allem in Kombination mit Bewegungstherapie), Rückenschule, Wärmetherapie und Kognitive Verhaltenstherapie (bei psychosozialen Risikofaktoren). Die medikamentöse Therapie ist symptomatisch und soll die nicht-medikamentöse Therapie unterstützen, sodass Betroffene ihre alltäglichen Aktivitäten wieder ausführen können. (Raspe, 2012)

Da jedoch Behandlungsversuche aufgrund der meist nicht bekannten Ursachen oft erfolglos sind (Kröner-Herwig, 2018), wird versucht sich vor allem auf präventive Maßnahmen zu konzentrieren (Basler, 1990). Es wird also versucht durch die Identifikation von Risikofaktoren und einer Frühbehandlung die Chronifizierung akuter Rückenschmerzen zu verhindern (Basler, 1990).

5.4 Definition Krafttraining

Um die Effekte eines Krafttrainings auf das LWS-Syndrom genauer zu betrachten, soll zunächst geklärt werden, was unter dem Wort „Krafttraining" genau zu verstehen ist. Laut (Menzi, Zahner & Kriemler, 2007) beschreibt der Begriff „Krafttraining" „alle Trainingsformen, die mittels Arbeit gegen einen progressiv ansteigenden Widerstand eine Erhöhung der Kraft erwirken". Zum Verständnis sollte hierzu außerdem der Begriff „Kraft" im biologischen Sinne verstanden werden. Nach (Hartmann & Tünnemann, 1988) ist die Kraft definiert als „die Fähigkeit des Nerv-Muskel-Systems, durch Muskeltätigkeit äußere Kräfte und Widerstände zu überwinden, zu halten oder ihnen entgegenzuwirken".

5.5 Auswirkungen des Krafttrainings auf das LWS-Syndrom

Ob sich Krafttraining nun positiv auf das LWS-Syndrom auswirkt bzw. ob es Rücken-schmerzen vorbeugen kann, geht aus zahlreichen wissenschaftlichen Untersuchungen nicht eindeutig hervor. Laut Werner Kieser ist „die einzig wirksame Maßnahme zur Vorbeugung und [...] zur Therapie [von Rückenschmerzen] [...] spezifisches Krafttrai-ning" (Kieser, 2004). Laut (Raspe, 2012) spielen aber auch beispielsweise kognitive, emotionale, verhaltensbedingte und soziale Faktoren eine Rolle, wenn es um die Ent-stehung nicht-spezifischer Rückenschmerzen geht. Diese können offensichtlich mit Krafttraining nicht behandelt werden. In einer Einzelfallstudie von Philipp Weishaupt nahm eine 61-jährige Frau mit mehrfachen degenerativen Veränderungen der Wirbel-säule, welche ihr seit 30 Jahren Beschwerden verursachten, an einem dreimonatigen Trainingsprogramm teil. Das Programm beinhaltete 24 Trainingseinheiten, je 60 Minu-ten. Als Hauptinterventionsmaßnahme wurde ein dynamisches Krafttraining an speziell hierfür entwickelten Geräten praktiziert. Begleitend wurden funktionsgymnastische Mobilisierung und Techniken zur mechanischen Entlastung und Entspannung der Wir-belsäule eingesetzt. Die isometrische Maximalkraft der wirbelsäulenstabilisierenden Muskulatur in LWS/BWS steigerte sich durch das Training um 69,3%. Der Schmerz in der LWS konnte um 80% und im HWS-Bereich um 50% reduziert werden. Die Verbes-serung der allgemeinen Leistungsfähigkeit wird von der Patientin um 70% und des per-sönlichen Wohlbefindens um 80% angegeben. (Weishaupt, 1999) Diese Studie sollte jedoch durchaus kritisch betrachtet werden, da es sich um eine Einzelfallstudie handelt und somit keine Rückschlüsse auf die Allgemeinheit gezogen werden können. Jedoch lässt sich sagen, dass es durchaus möglich sein kann, Beschwerden der Wirbelsäule durch Krafttraining zu reduzieren. Eine weitere Untersuchung von (Denner, 1998) gibt an, durch zweimal wöchentliches Training über einen Zeitraum von zwölf Wochen, eine Krafterhöhung von 30% und somit eine Schmerzlinderung bei 93% der Probanden er-reicht zu haben. Diese Effekte können im Anschluss durch einmal wöchentliches Trai-ning erhalten bleiben. Wie in Kapitel 4.2 erwähnt, sollten bei einem Training zur Redu-zierung von Rückenbeschwerden möglichst viele Muskeln integriert werden, die die rückenstabilisierende Fasciae Thoracolumbalis verspannen, wie zum Beispiel der M. transversus abdominis und der M. obliquus internus abdominis, die die Faszie horizon-tal verspannen, der M. latissimus dorsi und der M. glutaeus maximus, die die Faszie diagonal verspannen und der M. erector spinae, der die Faszie vertikal verspannt (Gott-lob, 2013).

5.6 Vergleich zweier Studien zum Thema "Krafttraining bei Rückenbeschwerden"

In folgender Tabelle werden nun zwei wissenschaftliche Studien miteinander verglichen, die sich mit dem Thema „Krafttraining und Rückenbeschwerden" befassen.

Tab. 6: Vergleich zweier Studien zum Thema „Krafttraining bei Rückenschmerzen" (eigene Darstellung)

	Rückenkraft, Fitness und körperliche Aktivität - Risiko oder Schutz vor Rückenbeschwerden? Ergebnisse einer Querschnittsuntersuchung (Köstermeyer, Abu-Omar & Rütten, 2005)	Krafttraining und Prävention von Rückenschmerzen (Huber, 2008)
Wer hat die Studie durchgeführt?	G. Köstermeyer, K. Abu-Omar, A. Rütten	G. Huber
In welchem Jahr wurde die Studie publiziert?	2005	2008
Welche Forschungsfrage wurde untersucht?	Stellen Rückenkraft, körperliche Fitness und Aktivität Risiko- oder Schutzfaktor für Rückenbeschwerden dar?	Lässt sich mit einem maschinengestützten Krafttraining der Rückenmuskulatur die körperliche Leistungsfähigkeit und somit eine bessere rückenbezogene Funktion herstellen? Lässt sich dadurch der Entstehungsmechanismus des „Disuse Syndrome" (= physische, psychische und soziale Auswirkungen durch Schmerzen) (van Wilgen et al., 2009) umkehren bzw. kann dadurch die aufgrund des „Disuse Syndrome" bestehenden Schmerzen reduziert werden? Können durch die oben genannte Intervention die Tage der Arbeitsunfähigkeit reduziert werden?
Mit welchen Versuchspersonen wurde die Studie durchgeführt?	1610 Arbeiter und Angestellte aus 13 mittelständischen Unternehmen (53% Männer, 48% Frauen; Mittelwert Alter 40 Jahre; Standardabweichung 11 Jahre) mit überwiegend leichter körperlicher Tätigkeit, davon 855 Teilnehmer	Mitarbeiter des Werkes Wörth Daimler AG, die häufig und seit längerer Zeit an lumbalen Rückenschmerzen leiden. Davon lagen ca. 1000 auswertbare Fragebögen vor. Der Altersdurchschnitt betrug ca. 38 Jahre. 11% davon waren Frauen.

	Rückenkraft, Fitness und körperliche Aktivität - Risiko oder Schutz vor Rückenbeschwerden? Ergebnisse einer Querschnittsuntersuchung (Köstermeyer et al., 2005)	Krafttraining und Prävention von Rückenschmerzen (Huber, 2008)
Wie sah der Versuchsaufbau der Studie aus?	Erfassung der Risikofaktoren für Rückenbeschwerden und die Beschwerdeanamnese anhand eines Fragebogens mit 27 Items. Zusätzlich eine objektive Bestimmung der Kraft des langen Rückenstreckers bei der Extension und des Körpergewichts. Die Kraftmessung erfolgt anhand einer statischen Messung in sitzender Position (20° Flexion) auf einem Messstuhl. Das Messinstrument erfasst außerdem Rückenbeschwerden und –schmerzen im Lenden- und Nackenbereich, Arbeits- und Alltagsbelastungen, körperliche Aktivität und Fitness. Und es werden zusätzlich Alter, Größe, Gewicht, Geschlecht erhoben.	Den Mitarbeitern des Werkes Wörth der Daimler AG wurde ein maschinengestütztes Kräftigungstraining der Rückenmuskulatur (Lumbalextension) angeboten, welches am Arbeitsplatz und in den Räumen des Arbeitsmedizinischen Dienstes stattfand. Es wurden zu Beginn und nach jeweils 16 Trainingseinheiten Kraftmessungen mit den Probanden durchgeführt und zusätzlich sollten diese Fragebögen ausfüllen zur subjektiven Lebensqualität, zu rückenbezogenen Funktionseinschränkungen und zur subjektiven Belastung am Arbeitsplatz.
Welche relevanten Ergebnisse und Schlussfolgerungen liefert die Studie?	Mangelnde körperliche Fitness stellt einen Risikofaktor dar für die Schmerzstärke im Lenden- und Nackenbereich und die Häufigkeit von Nackenbeschwerden. Ein höherer Umfang an intensiver körperlicher Aktivität ist ebenfalls ein Risiko für die Schmerzstärke im LWS-Bereich, für den Nackenbereich bestehen keine signifikanten Zusammenhänge. Eine schwache Rückenkraft ist ein Risikofaktor für die Häufigkeit von sowohl Lenden- als auch Nackenbeschwerden. Insgesamt wirkt eine gute körperliche Konstitution protektiv in Bezug auf Häufigkeit und Stärke von Beschwerden.	Nahezu drei Viertel der Teilnehmer litten anfänglich an Rückenschmerzen. Durch das Programm wurde eine Reduzierung der Arbeitsunfähigkeitstage um 35% und eine Reduzierung der Arbeitsunfähigkeitsfälle um 48% erreicht. Durch die verbesserte Kraft kam es außerdem zu einer besseren rückenbezogenen Funktion der Probanden, einer Reduzierung der Schmerzen, einer verbesserten Lebensqualität und besserer subjektiver Zufriedenheit mit der Gesundheit. Es wird angenommen, dass die bessere Lebensqualität auf die Reduktion der Arbeitsunfähigkeit beruht. Somit konnte also der Entstehungsmechanismus des „Disuse Syndrome" umgekehrt werden.

6   Literaturverzeichnis

Basler, H. (1990). Prävention chronischer Rückenschmerzen. *Der Schmerz*, (4), 1–6.

Bührle, M. (1985). *Grundlagen des Maximal- und Schnellkrafttrainings* (Schriftenreihe des Bundesinstituts für Sportwissenschaft, Bd. 56). Schorndorf: Hofmann.

Bundesministerium für Gesundheit. (2018). *Ist mein Gewicht "normal"? Was ist der Body Mass Index?*

Denner, A. (1998). *Analyse und Training der wirbelsäulenstabilisierenden Muskulatur.* Berlin, Heidelberg: Springer Berlin Heidelberg; Imprint; Springer.

Gottlob, A. (2013). *Differenziertes Krafttraining. Mit Schwerpunkt Wirbelsäule* (4th ed.). London: Elsevier Health Sciences Germany.

Güllich, A. & Schmidtbleicher, D. (1999). Struktur der Kraftfähigkeiten und ihrer Trainingsmethoden. *Deutsche Zeitschrift für Sportmedizin, 50*(7+8), 223–234.

Hartmann, J. & Tünnemann, H. (1988). *Modernes Krafttraining* (1st ed.). Berlin: Sportverlag.

Hildebrandt, J. (2003). Die Muskulatur als Ursache für Rückenschmerzen. *Der Schmerz,* (17), 412–418.

Huber, G. (2008). Krafttraining und Prävention von Rückenschmerzen. *Orthopädische Praxis, 44,* 107–110.

Kieser, W. (2004). *Ein starker Körper kennt keinen Schmerz. Gesundheitsorientiertes Krafttraining nach der Kieser-Methode* (komplett überarb. und erw. Neuausg., 3. Aufl.). München: Heyne.

Köstermeyer, G., Abu-Omar, K. & Rütten, A. (2005). Rückenkraft, Fitness und körperliche Aktivität. Risiko oder Schutz vor Rückenbeschwerden? Ergebnisse einer Querschnittstudie. *Deutsche Zeitschrift für Sportmedizin, 56*(2), 45–49.

Kröner-Herwig, B. (2018). Chronischer Schmerz. In J. Margraf & S. Schneider (Hrsg.), *Lehrbuch der Verhaltenstherapie* (4., vollständigüberabeitete und aktualisierte Auflage, S. 261–275). Berlin, Germany: Springer.

Mancia, G., Backer, G. de, Dominiczak, A., Cifkova, R., Fagard, R., Germano, G. et al. (2007). 2007 Guidelines for the management of arterial hypertension. The Task Force for the Management of Arterial Hypertension of the European Society of Hypertension (ESH) and of the European Society of Cardiology (ESC). *European Heart Journal, 28*(12), 1465. https://doi.org/10.1093/eurheartj/ehm236

Menzi, C., Zahner, L. & Kriemler, S. (2007). Krafttraining im Kindes- und Jugendalter. *Schweizerische Zeitschrift für Sportmedizin und Sporttraumatologie*, (55), 38–44.

Raspe, H. (2012). Rückenschmerzen. Gesundheitsberichterstattung des Bundes, (53), 13.

Schmoll, S., Hahn, D. & Schwirtz, A. (2008). Die Behandlung von chronischem LWS-Schmerz mithilfe des S-E-T - Konzepte(Sling-Exercise-Therapy). *Bewegungtherapie & Gesundheitssport*, 24(02), 52–59.

Van Wilgen, C. P., Dijkstra, P. U., Versteegen, G. J., Fleuren, M. J. T., Stewart, R. & van Wijhe, M. (2009). Chronic pain and severe disuse syndrome: long-term outcome of an inpatient multidisciplinary cognitive behavioural programme. *Journal of Rehabilitation Medicine*, 41(3), 122–128. https://doi.org/10.2340/16501977-0292

Weishaupt, P. (1999). Krafttraining. effiziente Behandlung bei chronischen Rückenschmerzen. *Physikalische Therapie*, (2), 84–86. eine Einzelfallstudie.

7 Abbildungs- und Tabellenverzeichnis

7.1 Abbildungsverzeichnis

7.2 Tabellenverzeichnis

BEI GRIN MACHT SICH IHR WISSEN BEZAHLT

- Wir veröffentlichen Ihre Hausarbeit,
  Bachelor- und Masterarbeit

- Ihr eigenes eBook und Buch -
  weltweit in allen wichtigen Shops

- Verdienen Sie an jedem Verkauf

Jetzt bei www.GRIN.com hochladen
und kostenlos publizieren